Bunter Kinder-Kosmos

Bunter Kinder-Kosmos

Tiere aus Steppe und Dschungel

Kosmos · Gesellschaft der Naturfreunde
Franckh'sche Verlagshandlung · Stuttgart

Titel der italienischen Originalausgabe
GUARDA E SCOPRI GLI ANIMALI DELL'ASIA

Herausgeber und künstlerische Leitung
RINALDO D. D'AMI

Mit 205 farbigen Illustrationen von
ANDREW W. ALLEN, OLIMPIA BUONANNO,
SERGIO BUDICIN, TINO CHITO,
CESARE COLOMBI, JAMES H. CRACKNELL,
GIORGIO DEGASPARI, BRUNO FAGANELLO,
EZIO GIGLIOLI, MARIO STRAFORINI,
M. FAUSTA VAGLIERI, GUIDO ZUCCA.

Italienische Originalausgabe
PRODUZIONI EDITORIALI D'AMI

Übersetzt ins Deutsche von
INGEBORG UNTERREINER

Der Bunte Kinder-Kosmos –
eine Buchreihe, die Interessantes und Wissenswertes aus Natur und Technik zeigt.

TIERE IN HAUS UND GARTEN
TIERE IN FELD UND HOF
TIERE IN WALD UND FLUR
TIERE IN FLUSS UND TEICH
TIERE IN SCHILF UND SEE
TIERE AUS BERG UND TAL
TIERE IN EIS UND SCHNEE
TIERE IN URWALD UND WÜSTE
TIERE AN STRAND UND KÜSTE
TIERE AUS PAMPA UND TROPENWALD
TIERE AUS OZEAN UND TIEFSEE
TIERE AUS PRÄRIE UND STROM
TIERE DER UR- UND VORZEIT
TIERE IN BUSCH UND REGENWALD
TIERE IN WIND UND MEER
GROSSE ERFINDUNGEN
SONNE, MOND UND STERNE
TIERE IN GEFAHR
BEDROHTE TIERE

5. Auflage, 71.—85. Tausend
Franckh'sche Verlagshandlung, W. Keller & Co.,
Stuttgart / 1977

Printed in Italy/Imprimé en Italie
LH 9 Ste / ISBN 3-440-03808-4
Gesamtherstellung Stab. Grafico Marietti, Torino

Von der Eismeerküste, der Heimat der arktischen Tiere, bis hin zur Malaysischen Inselwelt mit ihren tropischen Tierarten bietet dieser neue Band des BUNTEN KINDER-KOSMOS eine abenteuerliche Reise durch die vielfältige Tierwelt Asiens, dem größten Erdteil dieser Welt.

Dieser riesige Kontinent, der von Menschen aller Hautfarben und Religionen bewohnt wird, birgt eine Tierwelt, wie sie kein anderer Erdteil so bunt und seltsam hervorbringen könnte. Da gibt es zum Beispiel einen Affen, der den Namen Gespenstermaki trägt; da lebt die größte und schönste Raubkatze der Erde, der Sibirische Tiger. Die letzten Bambusbären der Welt, die es in freier Wildbahn gibt, sind in Tibet und China beheimatet. Auf den kleinen Vulkaninseln Indonesiens haust ein Drache, ein wirklicher echter Drache, den die Wissenschaftler Waran nennen. Viele dieser Tiere sind vom Aussterben bedroht. Dieses Buch erzählt von ihnen und läßt in 205 Bildern die Tiere aus Urwäldern, Steppen, Wüsten und Bergeshöhen hervortreten.

Zoologische Karte von Asien

Die Tierwelt Asiens weist einen starken Gegensatz auf zwischen dem kalten Norden, wo Taiga und Tundra vorherrschen, und den südlichen Gebieten mit Wüsten, großen Bergketten und üppigen Dschungeln.

Die Netzpythonschlange wird bis zu zehn Meter lang.

Der rötliche Zwergfalke ist der kleinste unter den Greifvögeln.

Diesen weißen Tiger gibt es wirklich – er hat himmelblaue Augen!

Das 6—8 Meter lange Leistenkrokodil ist ein ausgezeichneter Schwimmer.

Fledermauspapageien, die in Indien und Malaysia verbreitet sind, schlafen mit dem Kopf nach unten.

Das Zwergmoschustier, eine nur 45 cm lange Hirschart, lebt in Südasien.

Die kleinste Wildkatze ist die Bengalenkatze, die noch viel kleiner als die Hauskatze ist.

Der Schützenfisch verschafft sich Nahrung, indem er Wassertropfen auf die Insekten „schießt".

Die Schraubenziege, die in mittleren bis großen Höhen lebt, besitzt mit ihren bis zu einem Meter langen Hörnern eine ganz prächtige Waffe.

Der Tiger

Wenn die Abenddämmerung beginnt, schreitet der Tiger, diese schönste und größte aller Raubkatzen, mit weichen, anmutigen Bewegungen durch den Dschungel. Die Augen halb geschlossen, die Ohren wachsam gespitzt, so gleitet er, durch sein gestreiftes Fell gut getarnt, zwischen Licht und Schatten dahin. Bis zu drei Metern Länge (mit Schwanz) und drei Doppelzentnern Gewicht kann er es bringen! Als sein Tagesbedarf gelten 10 bis 15 Kilogramm Fleisch — doch der Tiger jagt nicht jeden Tag. Oft schläft und döst er nach einer reichlichen Mahlzeit zwei bis drei Tage an einer schattigen Stelle. Der Tiger kann Hitze überhaupt sehr schlecht vertragen, denn seine Ahnen stammen aus dem eisigen Sibirien.

Weißt du,
daß die Tiger sehr gut schwimmen? Daß sie vom Aussterben bedroht sind, weil man sie jahrzehntelang wegen ihres Pelzes erbarmungslos ausrottete? Daß es aber den meisten Zoos gelungen ist, sie nachzuzüchten?

Die Nahrung des Tigers
besteht außer großen Beutetieren (Büffeln, kleinen Elefanten, Hirschen und Wildschweinen) auch aus Mäusen und Heuschrecken.

Die Tigerin bringt zwei bis drei Junge zur Welt, die bei der Geburt etwa halb so groß wie Hauskatzen sind. Schon nach sechs Wochen nimmt die Mutter sie mit auf die Jagd. Die neugierigen Tigerkinder untersuchen hier ein Stachelschwein und werden prompt „bestraft“.

Büffel sind eine begehrte Beute des Tigers: Hier greift er gerade ein junges Tier an. Manchmal schafft es der Büffel jedoch, den Angreifer abzuschütteln und zu entkommen.

Rotwölfe entdecken einen Tiger, der eine Antilope gerissen hat. Die gierigen Hunde machen ihm die Beute streitig, und da sie in der Überzahl sind, gelingt es ihnen tatsächlich, ihn in die Flucht zu schlagen.

Die männlichen Tiger erlauben nicht, daß andere Männchen in ihrem Revier jagen, am wenigsten dulden sie Raubkatzen anderer Art. Ein schwarzer Panther ist durch das Brüllen des Tigers so erschreckt, daß er sofort flieht.

Auch im Dschungel herrscht das Gesetz des Fressens oder Gefressenwerdens. Hier wird eine Tigerpythonschlange von einem hungriger Tiger angegriffen. Sie verteidigt sich verzweifelt, indem sie versucht, den Gegner zu erdrücken.

Der Sibirische Tiger, die mächtigste Großkatze der Welt (3 Meter lang plus 1,30 Meter Schwanz), hat das dichteste und langhaarigste Fell aller Tiger; damit ist er vor dem rauhen Klima geschützt. Er jagt am liebsten Hirsche und Wildschweine.

Die Schlankaffen

Die Schlankaffen sind in Indien seit Jahrtausenden bekannt; ihr Bild erscheint bereits in den Malereien und Reliefs der ältesten indischen Tempel.
Ein typischer Schlankaffe ist der Hulman (60—75 Zentimeter lang). Horden dieser Affen richten in Pflanzungen und sogar in Städten verheerende Plünderungen an, doch niemand tut ihnen etwas zuleide: Die Tiere gelten als heilig und dürfen nicht angetastet werden. Die Jungen des Hulman, die bei der Geburt merkwürdigerweise schwarz sind, werden nicht nur von den eigenen Eltern, sondern auch von der ganzen Horde umsorgt. Die erwachsenen Tiere sind anderen Affenarten gegenüber sehr angriffslustig, vor allem, wenn diese in ihr Revier eindringen. Im Kampf um die Führerrolle in der Horde vertreiben alte Männchen die jüngeren.

Weißt du,
daß der Hulman die Angewohnheit hat, beim Laufen den Schwanz wie ein waagerechtes Fragezeichen zu tragen? Daß die Hulmans erbitterte Feinde der Tiger sind? Sehen sie einen Tiger, stoßen sie krächzende Schreie aus, so daß die Tiger nicht mehr unbemerkt jagen und von Jägern leicht erlegt werden können.

Die Hulmans werden als heilige Affen betrachtet und leben schon seit Jahrhunderten in den Tempeln, die der Göttin Durga, der Frau des Gottes Siva, geweiht sind. Deshalb genießen sie besonderen Schutz und werden von den Priestern regelmäßig mit Nahrung versorgt.

Manchmal wandern die im Dschungel lebenden Hulmans in großer Zahl in die nahen Städte und verwüsten Gärten und Geschäfte. Niemand wagt es, sie zu verjagen, und würde irgend jemand einen Affen töten, liefe auch er Gefahr, getötet zu werden.

Daß Schlankaffen ihre Toten richtig bestatten, ist ein Märchen, das oft in Indien erzählt wird. Tiere sind zu solchen „menschlichen" Zeremonien nicht fähig.

In zwei- bis viertausend Metern Höhe lebt der Berghulman, ein großer Schlankaffe mit langem und dichtem Fell. Es ist möglich, daß die oft von Bergsteigern entdeckten Fußabdrücke, die dem sagenumwobenen „Schneemenschen" (dem Yeti) zugeschrieben werden, von diesem Gebirgsaffen stammen.

Zur großen Familie der Schlankaffen gehört eine Reihe verschiedener Arten. Hier siehst du den Hulman mit dem Purpurgesicht, der wegen seines wunderschönen dunklen Felles gejagt wird. In der Mitte der Kleideraffe, ein indochinesischer Affe mit buntem Fell.

Die Buden-Affen zeichnen sich durch weiße Ringe um die Augen aus. Rechts ein Weibchen mit seinem Jungen, das ein prächtiges goldfarbenes Fell hat.

Der Schneidervogel

Es gibt einen Vogel, der „nähen" kann! Es ist der Schneidervogel, ein 14—17 Zentimeter langer, lebhafter, fröhlicher und fleißiger Vogel, der in Indien, Birma und auf der Insel Ceylon lebt. Er erhielt seinen Namen, weil er die Fähigkeit hat, Ränder von Blättern, aus denen er sein Nest baut, „zusammenzunähen". Als Nadel dient ihm sein Schnabel, als Faden Pflanzenfasern oder Nähgarn. Das Garn besorgt er sich in den Häusern, in die er eindringt und die er ungeniert durchsucht, denn vor den Menschen hat er keine Angst. Der Schneidervogel lebt in kleinen Wäldern, Hecken, Gärten und in Schlingpflanzen, die sich an den Hausmauern entlangziehen.

Weißt du,
daß der Schneidervogel gern badet und daß er sich, wenn er keine Pfütze findet, mit dem Regenwasser, das sich in großen Blättern sammelt, säubert?

Der Schneidervogel und seine Gefährtin suchen zusammen einen Baum, auf dem sie ihr Nest bauen können. Alle Bäume, auch die in der Nähe von Wohngegenden, eignen sich dazu, wichtig ist nur, daß sie große Blätter haben. Ist ein Baum ausgewählt, biegen die Vögel ein oder zwei große Blätter in die Form eines Trichters.

Nun errichtet der Vogel die „Grundmauern“ seines Nestes. Sobald er das Blatt mit dem Schnabel durchlöchert hat, zieht er einen Pflanzenfaden – manchmal auch Spinnweben – durch die Löcher und „näht“ die Wände zusammen.

Das Weibchen sucht unterdessen Moos oder die Federn anderer Vögel, um das Nest zu polstern. Auch bei Menschen stibitzt es, was es bekommen kann.

Ist das Nest gebaut, legt das Weibchen die Eier hinein. Es kann drei bis sechs Junge haben, die in wenigen Wochen heranwachsen.

Auch das Junge des Schneidervogels ist unerschrocken und fürchtet sich nicht vor den Menschen. Es nähert sich den Häusern bis zu den Veranden und Fensterbrettern, um Fliegen, Insekten und Nahrungsreste zu erhaschen.

Der Indische Elefant

Der asiatische Elefant hat im Gegensatz zu seinem afrikanischen Vetter kleinere Ohren, ist nicht so massig (er wird nicht länger als drei Meter) und ist viel leichter zu zähmen. In menschlicher Gefangenschaft verwandelt er sich in eine willige „lebendige Maschine", die schon seit Generationen an schwere Arbeit und an den Transport von Waren und Menschen gewöhnt ist. Der Dickhäuter versteht den Sinn verschiedener Worte und gehorcht den Befehlen seines „mahut". Er löst auch selbständig kleine Probleme; beispielsweise überprüft er, bevor er eine Holzbrücke überquert, mit dem Fuß die Festigkeit. Nach einer Elefantenmahlzeit sieht es aus wie nach einem Wirbelsturm! Ganze Bäume sind entwurzelt oder abgeknickt; der Boden ist zertrampelt und mit abgerissenen Ästen bedeckt. Seinen gewaltigen Durst stillt der Elefant mit täglich bis zu 200 Litern Wasser, das er mit seinem Rüssel aufsaugt und sich dann ins Maul spritzt.

Weißt du,
daß die Elefanten schnarchen? Daß sie tatsächlich vor Mäusen Angst haben? Daß die berühmten weißen Siam-Elefanten in Wirklichkeit nicht weiß, sondern nur viel heller als die anderen sind?

Nahrung des Elefanten:
Der Elefant, der nach dem Wal das größte Säugetier ist, ernährt sich ausschließlich von Pflanzen. Er frißt Blätter, Bambussprößlinge, Triebe, Obst und verschiedene Gräser.

Die erwachsenen Elefanten haben manchmal regelrechte Tobsuchtsanfälle. Dann werden sie wild und reizbar und stoßen ohrenbetäubende Trompetenstöße aus. Auch die gezähmten Tiere leiden unter solchen Anfällen; das Austreten einer öligen Flüssigkeit aus einer Drüse zwischen Auge und Ohr ist ein Alarmzeichen!

Wenn ein Weibchen schwanger ist, sucht es sich eine Gefährtin, die bei der Geburt dabei ist. Diese beiden Elefantenweibchen wachen aufmerksam über das Neugeborene. Eine besondere Gefahr ist der Tiger. Wenn er sich zu nähern wagt, bekommt er oft eine harte Abreibung von ihnen.

Beim „keddah“, einer Treibjagd, werden wilde Elefanten eingefangen. Ist eine Herde von Dickhäutern an der Tränke umzingelt, drängen die Treiber beim ohrenbetäubenden Dröhnen der Trommeln einen großen Teil von ihnen in ein Gehege aus Baumstämmen, dessen Zugang sofort verriegelt wird. Von den Gefangenen werden diejenigen ausgewählt, die sich zum Zähmen am besten eignen. Mit Hilfe zahmer Elefanten werden sie an große Bäume gebunden. Hier bleiben sie etwa vierzig Tage; täglich führt man sie jedoch zur Tränke und zum Baden, so daß sie langsam mit dem Menschen vertraut werden. Sobald der Elefant etwas von seiner Wildheit verloren hat, beginnt er das Training: Sein „mahut“,

der anfangs nur seinen Rücken besteigen durfte, setzt sich nun auf den Hals. Nach drei bis vier Monaten kann das Tier zur Arbeit verwendet werden. Manche Elefanten vertragen jedoch keine Gefangenschaft und sterben, bevor das lange Training beendet ist.

Junge und alle in Gefangenschaft geborenen Elefanten sind am leichtesten zu zähmen. Die von diesen Dickhäutern verrichtete Arbeit ist vergleichbar mit der Leistung des stärksten Traktors. Ein erwachsener Elefant hat die Kraft von 20 Ochsen! Während der indischen Eroberungskriege wurden sie von den Engländern

zum Ziehen von Geschützen benutzt; außerdem ist der Einsatz von Elefanten in den Kriegen des Altertums bekannt. Bei feierlichen indischen Zeremonien dient der Elefant noch heute als Sänftenträger. Im Zirkus zeigt er bei seinen Darbietungen einen unerwarteten Gleichgewichtssinn und große Behendigkeit.

Der Gibbon

Der Weißhandgibbon, dessen Körperhöhe 70 bis 90 Zentimeter beträgt, gehört zu den Affen, die aufrecht wie ein Mensch gehen können. Allerdings wirkt sein Gang durch seine unverhältnismäßig langen Arme sehr plump. Bahnt er sich aber einen Weg durch den dichten Dschungel, ist der Gibbon unvergleichlich geschickt: Mit Sprüngen und Drehungen schwingt er sich in schwindelnder Höhe von einem Baum zum anderen. Man könnte fast meinen, er fliege, denn auch Abstände von 12—13 Metern bereiten ihm keine Schwierigkeiten.

Der Gibbon ist sehr leicht reizbar; flieht er vor einer Gefahr oder balgt er sich herum, werden seine schrillen Schreie ohrenbetäubend.

Weißt du,
daß die morschen Zweige der Bäume oft unter der Last der Gibbons brechen und die Affen dann heftig auf die Erde stürzen? Gefangene Gibbons haben deshalb oft Brüche, Quetschungen und Prellungen.

Da die „Konzerte“ der Gibbons ohrenbetäubende Schrei-Chöre sind, werden diese Affen auch „Brüllaffen“ genannt. Mit voller Lautstärke raufen die Horden der Weißhandgibbons um ein bestimmtes Revier des Waldes. Es gibt helle und dunkle Tiere, die aber alle zur gleichen Art gehören. Mit großer Ausdauer erkämpft sich die Gruppe der lautesten Schreihälse das Revier.

Wie der afrikanische, so frißt auch der asiatische Leopard Affen besonders gern; der Gibbon, hier ein dunkler Weißhandgibbon, bildet keine Ausnahme. Wegen seiner außergewöhnlichen Behendigkeit gelingt es ihm jedoch oft, dem Räuber noch einmal zu entfliehen.

Zum Trinken hängen sich die Gibbons an einen Ast, tauchen eine Hand ins Wasser und lecken dann die Tropfen ab. Passen die Affen dabei nicht auf, kann es passieren, daß sie von einem Krokodil gepackt werden.

Wie Seiltänzer bewegen sich die Gibbons im Dschungel. Dabei halten sie sich mit ihren langen Fingern nur leicht an den Zweigen fest. Während dieser Hochseilakte pflücken sie Obst, Blätter und fangen sogar Vögel.

Die Gibbons sind leicht zu zähmen. Auf den Schultern dieses hübschen malaysischen Mädchens sitzt ein Wauwau, der auch Silbergibbon genannt wird.

Das Przewalski-Pferd

Nicht alle Wildpferde, die es heute gibt, waren ursprünglich wild. Die in Nordamerika lebenden Pferde sind zum Beispiel Nachkommen der von den Europäern mitgebrachten Pferde, die ausgebrochen und wieder in die Freiheit zurückgekehrt sind.
Die einzige heute noch vorkommende wilde Pferdeart ist das Mongolische Wildpferd. Der russische Forscher Nikolai Przewalski entdeckte es 1879 in „Zungaria", an den Grenzen zwischen Sibirien, der Mongolei und der Wüste Gobi. Hier leben heute noch einige wenige Tiere in der freien Wildnis.
Die Schulterhöhe des Przewalski-Pferdes beträgt 1,30—1,40 Meter. Es unterscheidet sich von anderen Pferden durch das Fehlen des Haarbüschels auf der Stirn und durch einen dunklen Streifen auf dem Rückgrat. Sein Fell ist im Sommer kurz und gelblich, im Winter wird es länger und braun.

Weißt du,
daß das Przewalski-Pferd mit den Wildpferden, die vor Jahrtausenden Prärien und Wälder der Alten Welt bevölkerten, verwandt ist? Daß es dieselben Pferde sind, die von den Menschen der Vorgeschichte an die Wände der Höhlen gezeichnet wurden? Daß der Tarpan, ein anderes Wildpferd, im vergangenen Jahrhundert in Osteuropa leider ausgerottet wurde?

Von den riesigen Wildpferd-Herden, die vor langer Zeit die Gebiete Europas und Asiens bevölkerten, sind heute nur noch etwa zwanzig Tiere erhalten. Vor einigen Jahren erblickten mongolische Jäger im Herbst öfters einzelne, von einem Hengst geführte Gruppen von sieben bis acht Pferden. Es war in der Nähe der Oase von Khorin-us, wo reichlich Buschwerk und Weidegras wächst.

Sobald die Przewalski-Pferde eine Wasserlache in der Steppe aufspüren, stürzen sie sich hinein und spritzen übermütig umher. Um nicht zu verdursten, müssen sie mindestens jeden zweiten Tag zur Tränke.

Wenn starke Schneestürme über die mongolischen Ebenen toben, wird es für die armen Pferde schwer, Nahrung zu finden. Dieser Umstand hat mit dazu beigetragen, daß das Tier heute fast ausgestorben ist.

Die Wildpferde teilen die unwirtliche Steppe mit wenigen anderen Tierarten. Hier schreckt ein Stinktier ein neugieriges Fohlen ab, indem es aus seinen Drüsen eine übelriechende Flüssigkeit verspritzt.

Die direkten Nachkommen des Przewalski-Pferdes sind die schnellen, widerstandsfähigen, borstigen Rosse, die noch heute von mongolischen Schäfern geritten werden und auf denen einst Dschingis-Khan und seine Reiterhorden nach Europa eindrangen.

Die Brillenschlange

Es raschelt im Gras: eine Schlange! Aber was für eine: Sie richtet sich steil auf, läßt ein Zischen ertönen, und plötzlich entsteht an ihrem Hals, gleich unter dem Kopf, ein Schild, der sich nach beiden Seiten ausdehnt. Auf dem Schild ist eine brillenähnliche Zeichnung zu sehen — und jetzt ist es klar, woher diese auffallende Schlange ihren außergewöhnlichen Namen hat.

Da sie die Hitze scheut, geht die Brillenschlange, die normalerweise bis 180 Zentimeter lang wird, vom Gebüsch aus auf Jagd. Sie scheint keine Hindernisse zu kennen, klettert auf Bäume und Felsen und kann sogar schwimmen! Ist die Beute (Frösche, Ratten, Vögel, aber auch Insekten) gefangen und verzehrt, legt sie sich zur Verdauung nieder. Die Brillenschlange schleicht gern in Häuser und nistet sich dort ein. Normalerweise greift sie den Menschen nicht an, wird sie aber getreten oder belästigt, stürzt sie sich sofort auf den Feind und verwundet ihn mit ihrem giftigen Biß – das bedeutet meist den Tod!

Weißt du,
daß in Indien jährlich mehr als zehntausend Menschen ihr Leben durch den Biß dieser Schlange verlieren? Daß die jungen Brillenschlangen die angriffslustigsten sind?

Beute der Brillenschlange:

Vogelbrut

Nagetiere

Die Brillenschlange hat eine sehr einfache Jagdmethode: Sie lauert an den Plätzen, an denen sich ihre Beute oft aufhält (hier ein bunter Vogel). Wenn sie nun in Reichweite kommt, schnellt die Schlange blitzartig vor und packt sie.

Eine bunte Agame, ein in den Waldgebieten Indiens sehr verbreitetes Kriechtier, kann trotz ihrer Behendigkeit und Schnelligkeit der Brillenschlange nicht entfliehen und wird schließlich langsam verschlungen.

Der Mungo ist zwar nicht gegen das schreckliche Gift der Brillenschlange gefeit, da er aber noch viel schneller als seine Feindin ist, gelingt es ihm fast immer, die Schlange genau am Hals zu packen und somit dem tödlichen Biß zu entgehen.

Einige Verwandte der Brillenschlange: die Giftnatter aus Südafrika; die ebenfalls in Südafrika verbreitete Speischlange, die ihr Gift weit weg spritzt; die Königskobra, die größte Giftschlange (4,5 Meter!), deren Gift sogar einen Elefanten töten kann.

Die Weibchen der Königskobra sammeln im dichten Wald Blattwerk und ringeln sich dann um ihre Eier. Da die Jungen von Anfang an das tödliche Gift in sich tragen, können sie sich schon unmittelbar nach dem Ausschlüpfen selbst versorgen.

Die taube Brillenschlange wird nicht durch den Klang, sondern durch die rhythmischen Bewegungen des Schlangenbeschwörers hypnotisiert. Birmanische Priesterinnen müssen manchmal die gefährlichen Königskobras auf den Kopf küssen.

Der Marderbär

Der Marderbär ist — trotz seines irreführenden Namens — weder ein Marder noch ein Bär. Er ist ein Baumtier aus der Familie der Schleichkatzen, der am Rande der großen Dschungel Südostasiens lebt. Einschließlich seines schönen dichten Greifschwanzes mißt der Marderbär eineinhalb Meter.
Tagsüber schläft er versteckt im dichten Blattwerk der Baumkronen. Bei Anbruch der Dunkelheit wacht er auf, putzt sich und geht auf Beutefang. Auf Zweigen bewegt er sich zwar langsam, aber sehr sicher. Er kann keine großen Sprünge machen und ist nicht sehr gewandt beim Fangen kleiner Tiere und Insekten. Daher ernährt sich der Marderbär überwiegend von Pflanzenschößlingen. Während seiner Streifzüge läßt er einen schrillen Laut ertönen, der an das Miauen einer Katze erinnert.

Weißt du,
daß der Marderbär eine Geheimwaffe besitzt? Wird er angegriffen, verspritzt er, genau wie der Iltis, aus besonderen Drüsen, die am Hinterleib sitzen, eine stinkende Flüssigkeit.

Manchmal steigt der Marderbär langsam von den Bäumen herab und benutzt dabei seinen Greifschwanz als Bremse. Hat er ein kleines Nagetier gefangen, klettert er sofort wieder auf seinen Baum, auf dem er dann die Beute verspeist.

Im Gegensatz zu seinen kleineren Artgenossen bewegt sich der Marderbär nur recht langsam. Hin und wieder hält er an und sucht nach etwas Eßbarem. Hier verschlingt er gerade die Eier aus einem vorübergehend verlassenen Nest.

Wird der Marderbär von einem Leoparden angegriffen, verteidigt er sich mit Zähnen und Krallen und spritzt dabei eine stinkende Flüssigkeit aus seinen Drüsen. Aber dieses Mittel wirkt selten!

Sobald die Jungen dieses merkwürdigen asiatischen Säugetieres laufen können, machen sie von ihrem Greifschwanz Gebrauch. Da diese beiden Jungen noch keine Erfahrung in der Jagd haben, begnügen sie sich mit einigen Beeren.

Die Jungen des Marderbären können in Gefangenschaft sehr leicht gezähmt werden. Sie sind dann so zahm wie kleine Hunde. Da sie die Häuser von Mäusen und Insekten befreien, ersetzen sie auf der malaysischen Halbinsel die Hauskatzen.

Der Asiatische Linsang, eine andere Schleichkatze, lebt im Dschungel der Halbinsel Malakka und der Sundainseln. Wegen der Verwüstungen, die er in Hühnerställen anrichtet, wird er von den Eingeborenen „kleiner Tiger“ genannt.

Die Hirschziegenantilope

Die 120—130 Zentimeter lange Hirschziegenantilope, die zwei Meter hohe und bis zu sechs Meter lange Sprünge machen kann, hat einen kräftigen Körper und hohe, schlanke Beine. Sie ist die schönste und schnellste Antilope Indiens und kann, selbst dann, wenn sie verwundet ist, noch einem Pferd entkommen. Sie hat ein spitzes Maul und große, lebhafte Augen. Auf dem Kopf sitzen zwei lange Hörner, deren Spiralen an riesige Korkenzieher erinnern. Das glänzende Fell ist je nach Geschlecht und Alter verschieden gefärbt. In der indischen Mythologie wurde diesem wunderschönen Tier ein Platz unter den Göttern und Göttinnen zugewiesen.

Weißt du,
daß sich im Magen dieser Antilope, wie bei vielen anderen Wiederkäuern, ganz komisch aussehende Gebilde finden? Es sind Magensteine.

Von Februar bis April verfolgen sich die Männchen der Hirschziegenantilope und kämpfen erbittert um die Weibchen. Diese Tatsache nutzen die Jäger aus, indem sie ein bereits gefangenes männliches Tier als Köder benutzen.

Die männlichen Hirschziegenantilopen bewachen eifersüchtig ihr Rudel, das aus etwa zehn Weibchen mit ihren Jungen besteht. Ihre langen Hörner dienen kriegerischen und friedlichen Zwecken: zum Angriff und zum Kratzen.

Die Hirschziegenantilope ist ein zahmes, aber auch mutiges Tier. Man kann sich ihr auf etwa fünfzig Meter Entfernung nähern. Seit Jahrhunderten wird sie erbarmungslos gejagt. Die Maharadschas jagen diese schnellen Tiere, die so hohe Sprünge machen können, nicht mit Hunden, sondern mit eigens dazu abgerichteten Falken und Geparden.

In dem indischen Staat Rajaputana tritt bei wichtigen Anlässen ein „Antilopenbeschwörer“ auf. Ein männliches Tier wird von seinen Rudel getrennt und von einem Reiter mit beschwörenden Gesängen auf ein weißes Tuch getrieben.

Andere Antilopenarten sind die „Kropfgazelle“ aus Zentralostasien und die „Vierhornantilope“ (das einzige Säugetier mit vier Hörnern), die in Nordindien, in Belutschistan und in Birma lebt. Der Sumatrasteinbock lebt in den Gebieten von Nepal bis Malakka.

Die Rindergemse

Schon Marco Polo hat den Takin beschrieben und ihn als „sehr wild“ bezeichnet. In Wirklichkeit ist dieses Tier aber sanft, scheu und ständig auf der Flucht. Der Takin, der auch Rindergemse genannt wird, ist 140—150 Zentimeter lang und wirkt sehr plump, ist aber flink. Er ist ein guter Kletterer und kann Kälte ertragen. Die Rindergemse lebt im Gebirge, auf den Ostketten des Himalaya in zweitausend bis fünftausend Meter Höhe, wo es fast immer regnet. Sie streift dort zwischen Rhododendron- und Bambusbüschen, ihrer Lieblingsnahrung, umher. Im Winter steigt die Rindergemse nicht ins Tal hinab, sie bleibt im Gebirge und begnügt sich mit kargen Grasbüscheln, die auf Felsvorsprüngen wachsen. Die Eingeborenen nennen das Tier auch „Budorca“, was etwa „Rinder-Gazelle“ bedeutet. Doch einer Gazelle ähnelt das Tier nur wenig, es erinnert eher an eine Mischung von Rind und Gemse. Wie für die meisten Tiere ist auch für sie der Mensch der gefährlichste Feind: Die Tibetaner und Chinesen jagen den Takin erbarmungslos, da sein Fleisch sehr wohlschmeckend ist. Leider wird er dadurch immer seltener, und wenn in absehbarer Zeit nicht die Jagd verboten wird, ist er schon bald ausgestorben.

Weißt du,
daß der Zoologische Garten von New York für einen Takin DM 60 000.— bezahlt hat?

Zu Beginn der Sommerzeit ziehen die Takinherden unter der Führung eines alten männlichen Tieres in Gebiete, in denen es ausreichend Bambusrohr und Rhododendron gibt. Sie ziehen immer dieselben Pfade entlang und verraten durch diese Gewohnheit den Jägern ihre Standorte. Die scheuen Rindergemsen verbringen den Tag im Dickicht der Pflanzenwelt und verlassen es nur abends und morgens, um auf den Grashängen zu weiden.

Manchmal kann es passieren, daß eine Rindergemse bei ihren gewagten Sprüngen das Gleichgewicht verliert und in die Tiefe stürzt. Ein großer Greifvogel lauert hier schon auf die Beute.

Wenn der Anführer einer Herde einen Menschen wittert, schlägt er durch lautes Gebrüll Alarm. Unter seiner Führung ziehen sich die Tiere zurück und bringen sich in Sicherheit, indem sie wie die Steinböcke von einem Felsen zum anderen springen.

In den Bergen Westchinas lebt eine andere Rasse von Rindergemsen, die ein goldgelbes Fell haben. In zweitausend Meter Höhe sind ihre „Nachbarn" oft nur noch die Bambusbären.

Der Pfau

Von einem eitlen Menschen sagt man oft, er würde sich spreizen wie ein Pfau. Man tut damit dem Vogel, dessen schönste Zierde sein langer Schwanz ist, unrecht. Dieser Schwanz gleicht einer prächtigen, mit Edelsteinen verzierten Schleppe. Der Pfau, der mit Schwanz gemessen bis über zwei Meter groß werden kann, hat fünf oder sechs Frauen. Um sie zu erobern, breitet er seinen berühmten Schwanz aus und wedelt majestätisch mit ihm. Diesem Schauspiel können die Weibchen nur schwer widerstehen. Doch dieser Vogel ist nicht nur schön, er ist überdies schlau, neugierig und mutig. Der Pfau ist ein schneller Läufer und legt jeden Tag große Entfernungen zurück. Dabei schleppt er sein riesiges Federbüschel hinter sich her. Seine kleinen Flügel ermöglichen ihm nur kurze Flüge auf die Bäume. Er ist mißtrauisch, wachsam und besitzt ausgezeichnete Augen und ein gutes Gehör, so daß sich ihm ein Feind kaum unbemerkt nähern kann.
Nach Sonnenaufgang geht der Pfau auf Nahrungssuche. Wenn es während der Nacht geregnet hat, wartet er, bis seine Federn getrocknet sind.

Weißt du,
daß der Pfau im alten Griechenland hoch in Ehren gehalten wurde? Daß die alten Römer hingegen sein Fleisch schätzten?

Alltägliche Nahrung:

Beeren

Regenwürmer

Insekten

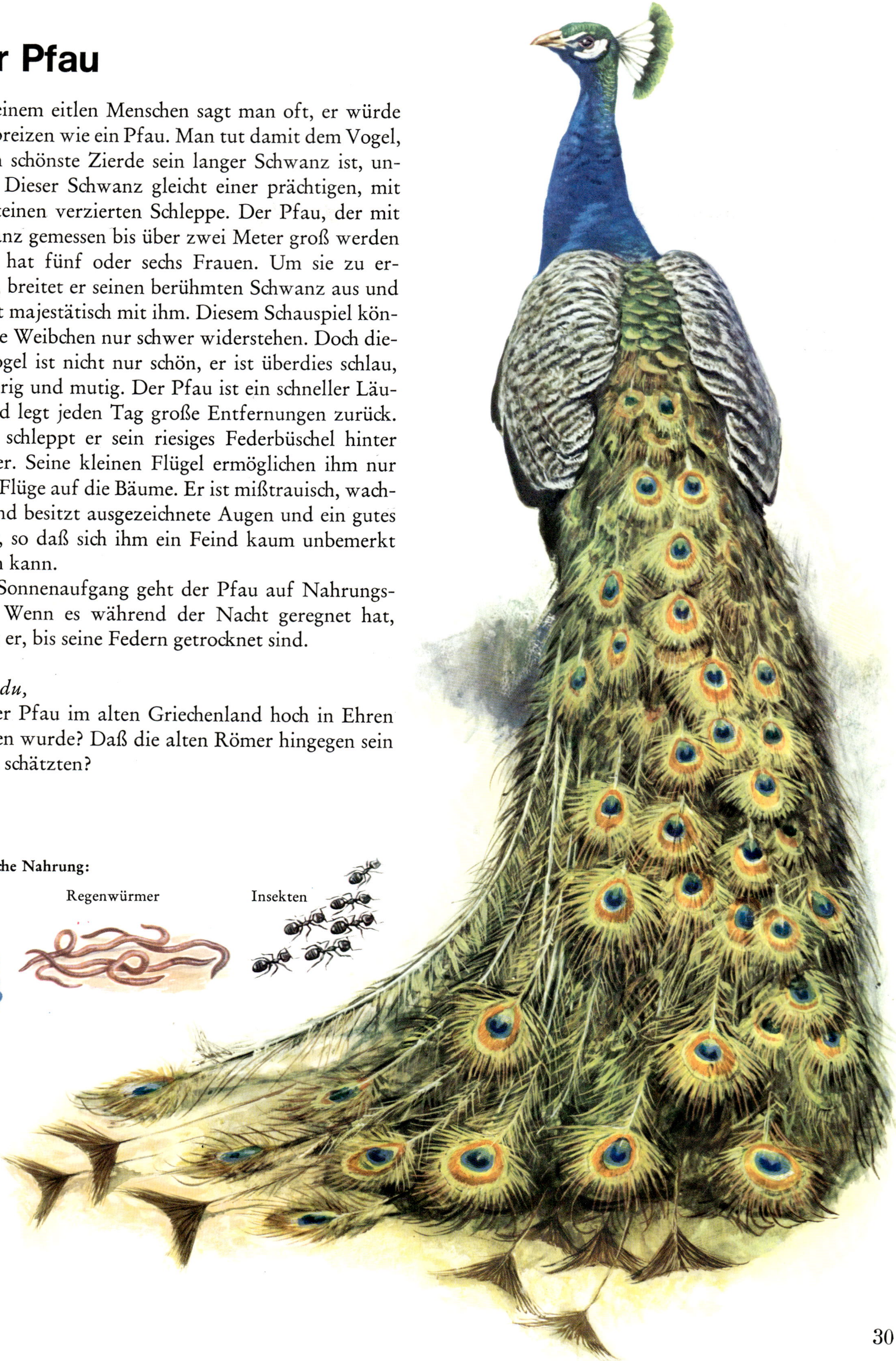

Der Pfauhahn beginnt sein Werben, indem er seine Brust aufbläst, seine wunderschöne Federschleppe zu einem Fächer öffnet und eigenartig schnurrende Laute von sich gibt. Die verzückten Weibchen vergessen alles andere und folgen dem prächtigen Pfau; später legt jedes von ihnen vier bis fünf Eier, die es dann ausbrütet.

Die wilden Kämpfe zwischen den Pfauenmännchen erfolgen sowohl wegen der Weibchen als auch zur Verteidigung ihres Reviers. Wie viele Tiere greifen auch diese Vögel jeden an, der in ihr Revier eindringt.

Ein anderer Pfau, der mit Ausnahme seines Kopfbüschels und seiner Farben unserem Pfau ähnelt, lebt in den Wäldern Indochinas und auf Java. Feinde dieser schönen Vögel sind alle Fleischfresser, insbesondere der Leopard und der Tiger.

In Asien leben die schönsten Vertreter aus der Familie der Fasanen, von denen der Pfau der berühmteste ist. Der Chinquis-Fasan, der an jedem Fuß zwei große Dornen hat, schlägt das Rad wie der Pfau. Auch der Argusfasan, ein wunderschöner Vogel, kann das Rad schlagen; auf den Federn seiner Flügel sind eine Reihe augenförmiger Flecke zu sehen. Alle unsere Haushühnerarten haben einen gemeinsamen Vorfahren in dem Bankivahuhn, das heute noch wild in Südasien lebt.

Der Nebelparder

Der Nebelparder ist nicht viel größer als eine Katze: Seine Körperlänge beträgt 180 Zentimeter, davon entfällt jedoch fast die Hälfte auf den Schwanz. Sein Aussehen und sein Fell erinnern sowohl an den Jaguar als auch an den Ozelot und den Tiger.
Er ist ein Nachttier, ein seltenes Geschöpf, das in unzugänglichen Gebieten einsam umherstreift. Aus diesem Grunde sind seine Gewohnheiten noch nicht sehr bekannt. Das Verbreitungsgebiet des Nebelparders reicht von Tibet bis nach Südchina, von Birma bis zur Halbinsel Malakka, von Java bis Borneo. Sein Name ändert sich jeweils mit seinem Lebensgebiet, zum Beispiel nennen ihn die Malaien „Baumtiger“ und die Chinesen „Pfefferminzleopard“, da seine Flecken an die Blätter dieser Pflanze erinnern.

Weißt du,
daß die Zähne des Nebelparders im Verhältnis zum Körper länger als bei jeder anderen Raubkatze sind?

Der Nebelparder verträgt das Klima in den nepalesischen Bergen des Himalaya in 3000 Meter Höhe, und er ist ein erfahrener Jäger. Hier stürzt er sich auf ein Moschustier, einen Hirsch mit überstehenden Zähnen.

Durch sein Fell gut getarnt, nähert sich der Nebelparder einer Horde von Affen, die zu seinen bevorzugten Beutetieren gehören.

Das Weibchen des Nebelparders hat zwei oder drei Junge, die besonders anmutig sind. Nicht nur die Mutter, auch der Vater sorgt für Nahrung. Da die Nebelparder Baumtiere sind, lernen die Jungen von ihrer Mutter, wie sie sich auf den Bäumen bewegen müssen.

Im Dschungel Birmas leben riesige Eichhörnchen (50 Zentimeter lang plus 60 Zentimeter Schwanz), die Sprünge bis zu fünf Metern machen können. Obwohl sie sehr flink sind, gelingt es dem Nebelparder manchmal, ein solches Tier zu fangen.

Vögel aller Arten, darunter auch die schönen Diamant-Fasanen, sind ein ganz besonderer Leckerbissen für den Nebelparder. Er wartet ab, bis die männlichen Vögel einem Weibchen den Hof machen, und greift sie dann an.

Der Yak

Der Yak wird auch Grunzochse genannt und kommt heute nur noch selten vor. Er hat ein Gewicht von tausend Kilogramm und wird bis zu 3,5 Meter lang. Trotz seines Schwergewichtes und seines dicken Pelzes, der fast bis zur Erde reicht, ist er ziemlich flink. Mit der Sicherheit einer Wildziege läuft der Yak auf den Waldpfaden und auf steilen Felswänden. Wenn die Hänge zu steil werden, rutscht er hinunter. Die eiskalten Gewässer der Hochebenen Tibets, die sich oft in mehr als 5000 Meter Höhe befinden, durchschwimmt der Yak mühelos.

Weißt du,
daß die Yaks im Winter Schnee lecken, um ihren Durst zu löschen? Daß die Tibetaner sich untereinander Botschaften schicken, indem sie besondere Knoten in den dichten Schwanz ihrer gezähmten Yaks machen?

Die Nahrung des Yaks
ist naturgemäß sehr einfach: die einsamen Gebiete, in denen er lebt, bieten nur Gräser, Flechten und wenige Knollen.

In großen Höhen werden die Yaks oft von heftigen Schneestürmen überrascht und dadurch am Ausweichen in weniger bedrohte Gebiete gehindert. Dann drängen sie sich dicht nebeneinander auf den Boden, nehmen die Jungen in die Mitte und erwarten das Ende des Unwetters.

Ältere oder kranke Yaks verlieren ihre Herde und fallen dann den Wölfen oder den tibetanischen Braunbären zum Opfer; letztere sind sehr angriffslustig, besonders wenn sie hungrig sind. Die Yaks verteidigen sich jedoch mit ihren Hörnern und können den Angreifern sehr gefährlich werden.

Die Hausyaks sind jetzt schon zahlreicher als die Wildyaks, von denen sie jedoch direkt abstammen. Sie unterscheiden sich von ihnen durch geringere Größe und durch die andersartige Färbung ihres Felles. Diese zahmen Tiere begnügen sich mit wenig Heu. Geduldig tragen sie Menschen und Lasten über steile Felspfade und unwirtliche Wege in den himalayischen Bergen.

Der Yak wird auch beim Ziehen von Pflügen eingesetzt. Aus seiner Wolle werden Stoffe und aus seiner Haut ausgezeichnetes Leder hergestellt. Sein Fleisch ist wohlschmeckend und seine Milch nahrhaft. Hier melkt eine Frau aus Nepal eine Yakkuh.

Der Gaur, ein Wildrind Südasiens, der ein entfernter Verwandter des Yaks ist, wird fast drei Meter lang und zwei Meter hoch. Er ist ein sehr scheues Tier. Der auf der Insel Celebes lebende Anoa ist dagegen ein sehr kleines Rind (ein Meter hoch).

Der Gleitflieger

Der Gleitflieger (45—50 Zentimeter groß) hat den Kopf eines Lemuren und die großen Augen eines Nachttieres. Er hat „handförmige" Zehen, einen spitzen Schwanz und eine Flughaut wie ein fliegendes Eichhörnchen.
Der Gleitflieger ist ein friedlicher Pflanzenfresser, der tagsüber wie eine winzige Hängematte an den Zweigen hängt. Nachts hangelt er sich mit seinen hakenförmigen Krallen langsam von Zweig zu Zweig und frißt Obst und Sprößlinge. Wenn er die zarte Haut (Membran) zwischen den Füßen ausbreitet und sich nach unten stürzt, schwebt er wie ein kleiner Fallschirmspringer durch die Luft.

Weißt du,
daß die Jungen des Gleitfliegers, die leicht mit der Flasche aufgezogen werden können, von Eingeborenen an Touristen verkauft werden?

Die Nahrung des Gleitfliegers besteht ausschließlich aus Pflanzen: Blätter, Triebe, Knospen und Obst.

Bei Sonnenuntergang wachen die Gleitflieger auf und turnen bebende wie Eichhörnchen zwischen den Zweigen herum. Die weite Flughaut hindert sie bei ihren blitzschnellen Sprüngen nicht. Diese Kunststücke enden oft mit einem Sprung ins Leere, bei dem das Tier Arme und Beine ausstreckt. Durch ihre Flughaut getragen, schweben die Gleitflieger wie Fallschirmspringer bis zu siebzig Meter tief hinab und stoßen dabei klagende Laute aus.

In kleinen Gruppen vereint leben die Gleitflieger einträchtig auf demselben Baum. Sie reinigen gewissenhaft ihr Fell und verwenden dazu ihre Zähne wie einen Kamm.

Die Gleitflieger hängen sich zum Schlafen an einen Zweig und vergraben den Kopf in der Flughaut. Aus der Entfernung gesehen ähneln sie riesigen hängenden Früchten und bleiben dadurch von Angreifern unbemerkt.

Das Weibchen bringt ein Junges zur Welt, und das Neugeborene klammert sich mit seinen gut entwickelten Beinen fest an die Mutter – es könnte sonst abstürzen! Wenn das Junge das Innere der mütterlichen Flughaut benäßt, hängt die Mutter es an einen Zweig, bis sie wieder trocken ist.

Der Orang-Utan

Dieser riesige Affe, der von den Malayen ehrfürchtig „Mensch der Wälder“ genannt wird, kann 180 Zentimeter groß werden und bis zu einem Doppelzentner wiegen. Aber nicht nur seine mächtige Gestalt, auch seine Intelligenz und Geschicklichkeit haben ihm diesen Namen eingetragen. Früher lebten auf Borneo und Sumatra viele dieser hochentwickelten Menschenaffen. Doch dann begann man sie erbarmungslos zu jagen und an Zoos zu verkaufen. Die Babys der gefangenen Orang-Utans starben anfangs alle. Einigen geduldigen Tierpflegern gelang es schließlich, die Tiere aufzuziehen. Noch heute ist die Zucht schwierig — doch die Gefahr des Aussterbens ist gebannt!

Die Nahrung des Orang-Utan besteht außer aus Pflanzen aus Ameisen und anderen Insekten, aus Vogelbrut und Vögeln sowie Nagetieren, darunter auch Eichhörnchen. Er frißt auch sehr gern den Honig wilder Bienen.

Weißt du,
daß ein Orang-Utan-Baby vier Jahre gestillt werden muß? Daß selbst diese kleinen Tiere schon einen Schnurr- und einen Backenbart haben?

Bei Sonnenuntergang bauen die Orang-Utans aus grünen Zweigen in den Ästen ein notdürftiges Lager. Wenn ein Platzregen vom Himmel prasselt, bedecken sich die Erwachsenen mit großen Blättern den Kopf, um sich vor dem Regen zu schützen. Die Jungen hingegen drücken sich an die Brust der Mutter und wärmen sich daran. Die Mütter sind sehr liebevoll: Sie lehren die Jungen, wie sie sich festhalten und welche Nahrung sie wählen müssen, und waschen sie mit dem in großen Blättern eingefangenen Regenwasser.

Der Orang-Utan steigt selten auf die Erde hinab, da es für ihn dort gefährliche Begegnungen geben kann (wie hier mit einem der ewig hungrigen Krokodile). Er rennt dann behende auf allen vieren davon und flüchtet möglichst schnell auf den nächsten Baum.

Manchmal brechen an einigen Orten des Dschungels schreckliche Raufereien zwischen den verschiedenen Bewerbern eines Weibchens aus. Die Narben, mit denen der Körper vieler Orang-Utans übersät ist, zeugen von der Heftigkeit dieser Kämpfe.

Als Nahrung suchen sich die Orang-Utans Insekten und Obst; am liebsten fressen sie die Früchte des Durianbaumes, die sehr stachelig sind. Ihren Durst stillen sie mit dem Inhalt von Kannenpflanzen, die deshalb den Namen „Affenkelche“ tragen.

Wenn die Orang-Utans (und zwar insbesondere in der Gefangenschaft, wo sie oft nicht genug Bewegung haben) alt werden, bilden sich um ihr Maul riesige Fettpolster und ein Halssack, wie bei einem dicken Menschen ein Doppelkinn.

Der Schabrackentapir

In Siam wird eine Legende erzählt: Als der Schöpfer den Tieren Leben verlieh, hatte er am Ende noch einzelne Teile übrig, die er alle zusammenfügte: So entstand der Schabrackentapir. Die hübsche kleine Geschichte paßt wunderbar auf dieses schwarz-weiße Säugetier, das ungefähr die Größe eines Schweins hat, dessen Hinterbeine aber an ein Rhinozeros und dessen Rüsselnase an einen Elefanten erinnert. Der Schabrackentapir ist ziemlich groß (die größeren Weibchen sind zweieinhalb Meter lang). Er ist ein Nachttier von scheuer und zurückhaltender Natur und wohnt im dichten Dschungel in der Nähe von Wasserläufen, in denen er gerne badet.

Die Tapire sind friedlich und ziemlich harmlos. Ihr Fleisch ist ein begehrter Leckerbissen für Raubkatzen und auch für den Menschen.

Weißt du,
daß die malaiischen und indonesischen Eingeborenen aus der Haut dieser Tiere Gürtel und Schmuck herstellen? Daß auf Sumatra völlig schwarze Tapire gefangen wurden? Daß Tapirarten von anderer Farbe und Größe in Südamerika leben?

Die Schabrackentapire verbringen einen großen Teil ihrer Zeit allein oder paarweise im Schlamm der Sümpfe oder an den Flußufern liegend, wo sie Gräser und Blätter, ihre Nahrung, finden.

Oft greift der Tiger diese friedlich weidenden Tiere an, und die wehrlosen Tapire versuchen sich dann ins Wasser zu retten.

Nachts sind die Tapire auf Wiesen und Feldern, um Nahrung zu suchen. Die gestreiften Jungen erinnern an kleine Wildschweine.

Auf dem Vorderkörper verschwinden beim jungen Tapir langsam die Streifen, während auf dem Hinterkörper der typische weiße Fleck ihrer Art immer mehr hervortritt.

Der friedliche Tapir zieht die Flucht in der Regel dem Angriff vor. Das Weibchen stürzt sich jedoch manchmal auf Eindringlinge, sogar auf Menschen, um sein Junges zu beschützen.

Wenn die Sonne aufgeht und der Wald vom Kreischen der Affen und von tausend anderen Lauten erfüllt wird, schläft der Tapir, der ja mehr ein Nachttier ist, ruhig und versteckt unter einem Dach aus Zweigen.

Die fliegenden Kriechtiere

Vor Millionen Jahren flogen viele Reptilien! Dort, wo heute die Albatrosse und die Möwen kreischen und sich im Sturm wiegen, flogen damals Kriechtiere umher. Heute können Reptilien nicht mehr „fliegen“, es gibt aber noch einige Arten, die durch die Luft segeln können. Sie alle leben auf dem asiatischen Kontinent. Der am besten ausgerüstete unter diesen Seglern ist der Flugdrache, eine kleine Eidechse mit einer Membran (ein dünnes, zartes Häutchen) auf beiden Seiten, die ihr die Fähigkeit zu fliegen und Gleichgewicht zu halten verleiht. Der Faltengecko hat dagegen nur schmale Membranen an den Körperseiten und zwischen den Zehen, die wie Fallschirme wirken. Die fliegende Schlange hat keine Membranen. Sie gleitet durch die Luft, indem sie ihre Rippen spreizt und dadurch ihren Körper ganz platt macht.

Weißt du,
daß der Urvogel Archaeopteryx viele Merkmale von Reptilien hat? Daß damit bewiesen ist, daß die Vögel von den Kriechtieren abstammen? Wie sich diese Verwandlung vollzogen hat, ist noch unbekannt.

Verschiedene Arten von fliegenden Drachen leben auf dem Malaiischen Archipel, auf den Philippinen und in Indonesien. Diese Kriechtiere ernähren sich von Insekten, die sie auf Bäumen jagen. Durch ihre Farbe sind sie gut getarnt. Um eine Beute zu packen, springen sie manchmal durch die Luft. Ist die Beute einmal gefangen, landen sie nach einem Flug von etwa zehn Metern auf einem anderen Baum oder winden sich um eine Liane. Das Weibchen, das links auf dem Bild zu sehen ist, legt drei bis vier Eier in eine Baumhöhle.

Der Flugdrache ist ein kleines, kaum 20 Zentimeter langes Wesen, von dessen Gesamtlänge mehr als die Hälfte auf den dünnen Schwanz entfällt. In Malaysia lebt eine der schönsten Arten; erst wenn die Flughaut entfaltet ist, kommen die prächtigen Farben richtig zur Geltung.

Die breiten Membranen an den Füßen und die Hautfalten an den Kopfseiten und am Rumpf dienen dem Faltengecko, einem 20 Zentimeter langen Reptil, als Fallschirm. Er kann jedoch kurze „Flüge“ zwischen den Bäumen unternehmen.

Die fliegende Schlange kann, wenn sie sich von hohen Bäumen stürzt, dank ihrer Fähigkeit, den Körper platt zu drücken, etwa fünfzig Meter weit herabschweben. Hier sieht man den Querschnitt des Körpers vor dem Flug (A) und während des Fluges (B).

Außer Reptilien finden wir in Asien auch den Java-Flugfrosch, der kaum acht Zentimeter Länge erreicht. Seine durch eine Hautmembran verbundenen Finger besitzen an ihren Händen Saugnäpfe, die eine sichere Landung ermöglichen.

Die Nasenantilope

Die Nasenantilope weicht durch ihre gedrungene Körperform sehr von ihren Artgenossen ab, denn die meisten Antilopen sind grazil und sehr beweglich. Diese Antilope ist kaum größer als ein Schaf (120 Zentimeter). Ein plumper Rumpf sitzt auf dünnen Beinen; der gedrungene Hals trägt einen kurzen Kopf, und am Ende des Maules wölbt sich eine krumme und rüsselähnliche Nase.

Durch die plötzlichen Temperaturschwankungen ihres Lebensgebietes, die zu Trockenheit oder schrecklichen Schneestürmen führen können, müssen die Rudel immer wieder neue Weidegebiete suchen. An einem Tag können sie mehr als hundert Kilometer zurücklegen. Ihr einziger Schutz vor Feinden ist ihr sehr empfindlicher Geruchssinn und große Schnelligkeit.

Weißt du,

daß die Nasenantilope vom Menschen hauptsächlich wegen ihrer Hörner, denen der Aberglaube Heilkräfte zuschreibt, gejagt wird?

Die Nasenantilope, auch Steppenantilope oder Saiga genannt, leckt sehr gerne Salz und sucht deshalb oft nach Salztümpeln. Wenn der Winter anbricht, führt ein altes männliches Tier eine Gruppe von etwa zehn Nasenantilopen in wärmere Gegenden. In dieser Zeit nimmt das Fell der Tiere eine gräuliche Farbe an.

Da die Nasenantilope scheu und ängstlich ist, erschrickt sie bei der geringsten Gelegenheit. Wenn eine Gruppe von Wildeseln plötzlich die Flucht ergreift, folgt die Antilope ihnen sofort und macht erst wieder halt, wenn auch die Esel stehenbleiben.

Sobald die Nasenantilopen von einem Sandsturm überrascht werden (wie zum Beispiel in der kirgisischen Wüste), legen sie sich rundherum im Kreise auf die Erde.

Obwohl die Nasenantilopen es gewohnt sind, in den riesigen Gebieten der sibirischen Steppe, in Turkestan und in der Mongolei zu leben, gewöhnen sie sich, wenn sie als Jungtiere gefangen werden, leicht an den Menschen und werden zahme Haustiere.

Das Tschirn oder Orongo ist eine Antilopenart, die in den Hochebenen Tibets bis in Höhen um fünftausend Meter lebt. Im Gegensatz zur Nasenantilope, mit der sie verwandt ist, hat sie lange Hörner, die gut siebzig Zentimeter erreichen.

Der Bambusbär

Der Bambusbär, auch Riesenpanda genannt, hat große Ähnlichkeit mit einem Teddybären — nur die Farbe stimmt nicht! Die Natur hat ihm eine Fellzeichnung verliehen, wie sie kein anderer Bär hat: schwarze Stiefel, weiße Hosen, schwarze Jacke, schwarze Ohren und eine schwarze Brille. Diese höchst seltsame Fellzeichnung, seine Verspieltheit und seine Vertraulichkeit wurden ihm schnell zum Verhängnis. Er ist heute fast vollständig ausgerottet und kommt nur noch in Tibet und China vor. In europäischen Zoos gibt es nur zwei Exemplare: In London lebt die Pandadame Chi-Chi, in Moskau An-An, ihr „Bräutigam". Man hat schon öfters versucht, diese seltsamen Geschöpfe miteinander zu paaren — leider vergeblich, denn wenn Chi-Chi wach war, schlief An-An, und umgekehrt. Der Zoo in Peking hat dagegen eine ganze Pandagruppe, die er jedoch nicht verkauft.

Weißt du,
daß Chi-Chi in London am liebsten Marmeladebrot frißt? Daß der Riesenpanda mit eineinhalb Metern Länge eines der seltensten Großtiere der Erde ist? Daß der Panda 1972 von Mao-tse-tung zum Nationaltier Chinas erklärt wurde?

Die Familie des Riesenpanda hat ein sehr ausgeprägtes Zusammengehörigkeitsgefühl. Die beiden Jungen werden im Frühling unter einem von der Mutter mit Gras und Moos ausgepolsterten Felsvorsprung geboren. Nachdem die Jungen einige Monate lang von der Mutter ernährt wurden, begleiten sie die Eltern, die ihnen zeigen, wie man Bambussprößlinge, ihre Hauptnahrung in der Freiheit, pflückt und auswählt.

Obwohl der Bambusbär fast ausschließlich Pflanzenfresser ist, ändert er manchmal seine Gewohnheiten. Dann begibt er sich an den nächsten Bach und „angelt“ mit verblüffender Geschicklichkeit Forellen.

Während seiner Streifzüge in den Bäumen stiehlt der Riesenpanda die für ihn erreichbare Brut.

Das Weibchen des Bambusbären lehrt ihre Jungen das Jagen. In Nähe der Höhle eines Nagetieres lauert sie auf den Bewohner und schlägt nach ihm, sobald es sein Loch verläßt.

Der Zwergpanda ist ein naher Verwandter des Riesenpanda, obwohl er ihm gar nicht ähnlich sieht. Er ist ein Baumtier und steigt nur auf die Erde, um sich Pflanzennahrung zu beschaffen.

Der Nasenaffe

Wäre dieser Affe ein Mensch, würden die Kinder bestimmt hinter ihm herrufen: „Zwerg Nase, Zwerg Nase“, denn die Nase dieses zottigen, bis 70 Zentimeter großen Tieres hat die Form einer Gurke und kann bis zu zehn Zentimeter lang werden! Sie entwickelt sich im Laufe der Jahre immer mehr nach unten, bis sie zuletzt das Maul des Nasenaffen bedeckt und er sie beim Fressen beiseite schieben muß! Beim Anblick dieses orientalischen Affen stellt sich wahrscheinlich jeder die Frage, wozu diese riesengroße Nase dient. Die Zoologen sind der Ansicht, daß sie einen Anziehungspunkt für die Weibchen darstellt, ähnlich wie das Geweih des Hirsches oder die Mähne des Wolfes.

Weißt du,
daß die Indonesier, nach deren Ansicht die holländischen Kolonialherren besonders lange Nasen hatten, die Nasenaffen „Orangblunda“, das heißt „weiße Menschen“, tauften?

Der Nasenaffe
frißt praktisch nur Blätter. Er bevorzugt die des „Pedada“-Baumes und die des Mangrovenbaumes.

Die Nasenaffen bringen jeweils nur ein Junges zur Welt, das die Nase nach oben trägt.
Das Fell des Nasenaffen hat bei der Geburt eine lebhafte hellblaue Farbe, wird aber dann nach einigen Monaten grau. Das Junge klettert auf Äste, neckt die Erwachsenen und hascht, wie ein Menschenbaby, nach Schmetterlingen. Die Mutter paßt genau auf, und wenn das Junge zu übermütig wird, zieht sie es am Ohr.

Wenn die Nasenaffen sich von einem Baum zum anderen schwingen, machen sie oft Sprünge bis zu zehn Metern. Manchmal bricht ein morscher Ast, an dem sie hängen: Die Tiere stürzen dann auf den Boden und können sich dabei die Glieder brechen.

Die Nase der männlichen Nasenaffen dient auch zur Verstärkung der Stimme. Die alten Männchen haben eine so lange Hängenase, daß sie diese beim Fressen zur Seite schieben müssen.

Die Nasenaffen überqueren einen Fluß, indem sie von den Bäumen des einen zu denen des anderen Ufers springen. Manchmal springen sie auch ins Wasser und schwimmen zum gegenüberliegenden Ufer; dabei müssen sie jedoch gut auf die hungrigen Krokodile achten.

Ein Affe mit einer nach oben gerichteten Nase, der etwas Ähnlichkeit mit den Jungen und den Weibchen der Nasenaffen hat, ist der Stumpfnasenaffe. Im alten China schmückten die Mandarine ihre Kleider mit deren Pelzen.

Der Koboldmaki

Der Koboldmaki wird auch Gespenstertier genannt und ist ein lebhaftes und wunderliches kleines Tierchen. Bei den Eingeborenen der Sundainseln gibt es viele Fabeln um dieses sonderbare Geschöpf. In Wirklichkeit ist es jedoch ein harmloser nächtlicher Jäger.

Weißt du,
daß die Koboldmakis, ohne ihren Körper zu bewegen, ihren Kopf um gut 180° drehen können? Daß auch diese Tierchen ihr Revier durch Verspritzen von Urin kennzeichnen?

Doch sieht das 16 bis 18 Zentimeter große Tier wirklich etwas gespenstisch aus. Es hat einen Kopf wie eine Fledermaus mit zwei runden leuchtenden Nachtaugen; ein Maul voller spitzer Zähne; Hände und Füße mit sehr langen Zehen und einen unverhältnismäßig (22—24 Zentimeter) langen Schwanz. Die Hinterbeine, die wie bei einem Känguruh ausgebildet sind, ermöglichen Sprünge bis zu zwei Metern.
Der Koboldmaki steht den Urformen der Affen nahe und zählt zu den höchstentwickelten Säugetieren, den Primaten, zu denen auch der Mensch gehört!

Der Koboldmaki hat an Händen und Füßen „haftende Fingerkuppen“, die an Lurche erinnern und ihm auch an den glatten Bambusrohren Halt geben. Beim Springen stoßen die Tiere kreischende Laute aus.

Die Feinde des Koboldmaki, insbesondere Käuzchen und Eulen, greifen das Jungtier an, wenn es nachts seinen Unterschlupf zwischen dem Laub verläßt.

Der Koboldmaki versteckt sich tagsüber gut zwischen dem dichten Blattwerk, doch bei Anbruch der Dunkelheit sucht er nach Nahrung, die aus Obst, Vogeleiern, Eidechsen und Insekten besteht.

Trotz seines Rufes als „Gespenstertier“ läßt sich das kleine Halbäffchen leicht zähmen und verhält sich während des Tages gutmütig und ruhig. Abends wird es dagegen unruhig und reizbar.

In Asien, und zwar in den Waldgebieten Indiens und Ceylons, findet man auch den Schlanklori, der wie die Koboldmakis zu den Halbaffen gehört und der, außer wenn er Nahrung jagt (Insekten und kleine Vögel) oder auf Flucht ist, sehr langsame Bewegungen macht. Beim Schlafen rollt er sich wie ein Siebenschläfer zusammen.

Nach den modernsten Klasseneinteilungen in der Zoologie ist der Urahn der Halbaffen das Spitzhörnchen oder Tupaia, ein kleines Tier, das ungefähr die Größe eines Eichhörnchens hat und das in Indonesien und auf den Philippinen lebt. Seine Nahrung besteht aus Insekten, anderen kleinen Tierchen, Trieben und Obst.

Der Doppelhornvogel

Der Doppelhornvogel besitzt einen ganz unverhältnismäßig großen Schnabel und einen „Helm“, der schwer auf den Kopf zu drücken scheint. Diese beiden Merkmale bestehen jedoch aus einem hornigen, schwammigen und widerstandsfähigen Stoff und behindern den Vogel nicht; er kann ohne weiteres damit springen und von einem Ast zum anderen fliegen. Man darf aber nicht glauben, daß dieser seltsame Schnabel nur schmückendes Beiwerk oder ein Scherz der Natur ist. Er ist ein äußerst brauchbares Instrument, mit dem der Doppelhornvogel Obst sammelt, Sprößlinge abschneidet und Baumhöhlen, in denen er Nester baut, erweitert.

Beutetiere des Hornvogels:

Insekten

kleine Kriechtiere

Weißt du,
daß die flüggen Jungen des Doppelhornvogels von ihren Eltern durch laute Schreie ermutigt werden, sich aus der Höhe des Nestes auf den Boden zu stürzen?

Der Doppelhornvogel und seine Gefährtin „mauern" während der Brutzeit den Eingang ihres Nestes zu und lassen nur eine winzige Öffnung frei, durch die das Männchen dem Weibchen die Nahrung reicht.

Nachdem das Weibchen zwei bis sechs Eier gelegt hat, verliert es alle seine Federn und bereitet damit den Neugeborenen ein weiches Lager. Das Weibchen bleibt dann einige Wochen im Nest eingesperrt, bis die Jungen fliegen können.

Die Jungen sind gewachsen, und die Mutter ist endlich frei. Sie ist wohlgenährt und hat wunderschöne neue Federn. Das Männchen hingegen ist nach all seiner Mühe äußerst mager geworden.

Das große, nach oben stehende Horn hat dem Rhinozeros-Vogel seinen Namen gegeben. Auch er besitzt einen langen, dicken Schnabel, mit dem er Obst vom Baum reißt.

Der Doppelschnabeltoko ist ganz besonders gefräßig: Außer Obst frißt er auch Insekten, Eidechsen und sogar kleine Mäuse. Ein naher Verwandter von ihm, der Helmvogel, ist sehr gesellig: In den Wäldern Indiens, in denen er lebt, sieht man ihn oft in Gruppen bis zu zwölf Tieren. Der Wellhorn- oder Wulsthornvogel lebt paarweise in Südostasien.

Der Schneeleopard

In den einsamen und unwirtlichen Gebieten des Himalaya-Massivs lebt eine der schönsten und seltensten Großkatzen der Welt: der Schneeleopard oder Irbis, der einschließlich Schwanz bis über zwei Meter lang wird. Da er einen dichten und wallenden Pelz hat, kann er Kälte gut ertragen. Sein Jagdgebiet liegt in 2000 bis 4000 Metern Höhe, in Gebieten also, wo die Waldgrenze aufhört und der ewige Schnee beginnt. Wie alle Katzen ist auch der Schneeleopard ein geschickter nächtlicher Jäger. Ist er jedoch hungrig oder muß er für seine Familie sorgen, kennt er keine bestimmten Zeiten: Er streift dann zu jeder Tageszeit wachsam und auf der Hut umher, um das erste Tier, das ihm begegnet, anzugreifen und zu erlegen. Hat er eine Beute, verschwindet er mit der gleichen Behendigkeit, mit der er gekommen ist.

Weißt du,
daß der Schneeleopard vom Aussterben bedroht ist? Für sein herrliches Fell wird von unvernünftigen Menschen ein Vermögen bezahlt.

Beutetiere des Schneeleoparden:

Murmeltiere

Wildziegen

Bevor der Schneeleopard auf Jagd geht, leckt er seinen Körper gut ab (unsere Hauskatze macht es nicht anders!). Damit vermindert er den Geruch, der den Beutetieren seine Gegenwart verraten würde.

Sein wunderbarer Pelz tarnt den Irbis sowohl im Schnee als auch zwischen den Felsen, so daß er sich unbemerkt seinen Opfern nähern kann. Auf diesem Bild greift er gerade eine Vierhornantilope an.

Auf den Hochebenen des Himalaya fehlt es nicht an Vögeln, die der Schneeleopard fängt, indem er sich ihnen auf leisen Sohlen nähert. Hier entkommt ihm jedoch seine Beute: Ein Fasan mit kurzem Schwanz war schneller.

Das Weibchen des Schneeleoparden bringt in einer Höhle zwei oder drei Junge zur Welt. Fängt man die Jungtiere, werden sie zahm und manchmal auch sehr anhänglich.

Noch heute bringen die tibetanischen Jäger Irbisfelle als Gabe für die Götter in die Klöster. Das einzige Geschöpf auf der Welt, das einen Leopardenpelz braucht, ist der Leopard! Der Mensch braucht ihn nicht, er rottet damit nur dieses wunderbare Tier aus.

Der Lippenbär

Seinen lustigen Namen erhielt der Lippenbär wegen seinem Maul, das ein wenig aussieht wie ein Schuh, bei dem die Sohle vom Oberleder getrennt ist.
Obwohl dieser nur mittelgroße Bär (Größe 160—170 Zentimeter) in heißen Ländern wie Indien und Ceylon lebt, hat er ein so dickes zottiges Fell, als müßte er arktische Kälte ertragen. Wie alle Bären frißt auch der Lippenbär besonders gern Obst. Er schüttelt Bäume oder bricht Äste ab und sammelt das Obst dann von der Erde auf. Sein begehrtester Leckerbissen ist Honig! Sobald er ihn riecht, sucht er wie wild danach, und da er durch sein dickes Fell gut geschützt ist, können ihm die Bienen nichts tun.

Weißt du,
daß der Lippenbär sich manchmal regelrecht betrinkt?
Er nascht mit Vorliebe aus den Eimern, die von indischen Bauern an bestimmte Bäume gehängt werden, um den Rindensaft aufzufangen, der dann gärt und Alkohol bildet.

Nahrung:

Insekten

Obst

Wenn die jungen Lippenbären etwa zwei Monate alt sind, steigen sie auf den Rücken ihrer Mutter, die sie durch den Wald spazieren trägt und mit ihnen sogar auf Bäume steigt, während der Vater aufmerksam das Revier überwacht. Erst, wenn sie groß und stark und zu schwer zum Tragen sind, fangen die kleinen Bären an, ihre eigenen Beine zu benutzen.

Der friedliche und harmlose Lippenbär bildet keine Gefahr für die anderen Säugetiere. Manchmal werden sie jedoch von Horden wilder Rotwölfe angegriffen. Dann müssen sie so schnell wie möglich auf den nächsten Baum fliehen.

Wenn der Lippenbär ein Ameisen- oder Termitennest findet, gräbt er mit seinen Krallen eifrig ein Loch, steckt dann seine rüsselähnliche Schnauze hinein und saugt gierig nach den winzigen Opfern.

Seit Jahrhunderten zähmen die Inder den Lippenbären, um ihn auf Marktplätzen vorzuführen. Beim Klang der Pfeifen und Trommeln tanzt er dann und macht Luftsprünge und Balanceakte, die die Heiterkeit der Zuschauer erregen.

Im Dschungel von Assam, an den Füßen des Himalaya, in Birma, Malaysia, auf den Sumatrainseln und auf Borneo lebt der kleinste aller Bären, der Malaienbär. Er wird kaum länger als 140 Zentimeter. Er ist ein sehr geschickter Kletterer und ernährt sich von Eiern und kleinen Vögeln, von Eidechsen, kleinen wirbellosen Tieren und von Obst. Mit seiner langen Zunge fängt er Insekten und saugt Honig aus Waben.

Der Komodowaran

Der Komodowaran oder Riesenwaran, dessen Vorfahren vor sechzig Millionen Jahren in Australien lebten, ist eine Seltenheit der Natur. Zu jener Zeit waren Komodo und die anderen kleinen Vulkaninseln Indonesiens, auf denen diese Großechse heute lebt, noch nicht aus dem Meer aufgetaucht. Wie und warum dieses riesenhafte Reptil, das bis zu drei Metern lang und 135 Kilogramm schwer werden kann, zu diesen verlorenen kleinen Inseln kam, ist noch heute ungeklärt.

Dieses vorsintflutliche Überbleibsel ist trotz seines erschreckenden Aussehens für den Menschen ungefährlich. Der große Waran braucht Giftschlangen nicht zu fürchten. Er kann deshalb in aller Ruhe nach seinem Lieblingsessen suchen: Mit Vorliebe frißt er verfaultes Fleisch, dessen Geruch ihn auf weite Entfernung anzieht.

Weißt du,
daß die Haut des Komodowaran sich nicht zur Lederverarbeitung eignet, da sie mit winzig kleinen Knochenplatten übersät ist? Daß es sehr schwierig ist, das Geschlecht dieser Warane zu bestimmen? Kürzlich versetzte im Zoo von Washington ein Tier, das für ein Männchen gehalten wurde, alle in Erstaunen, als es ein Nest voll schöner Eier legte.

Obwohl die Komodowarane lieber Aas als lebende Beute fressen, jagen sie, da sie sehr flink sind, manchmal Säugetiere, wie dieses Wildschwein. Die großen Reptilien haben immer Appetit; sie fressen mit unglaublicher Geschwindigkeit und streiten sich gegenseitig erbittert um die Beute.

Manchmal dringen die Komodowarane bis zu den Meeresufern vor, wo sie Fischkadaver, Krebse und andere Krustentiere finden. Obwohl sie schwimmen können, gehen sie merkwürdigerweise nie ins Wasser.

Der üble Geruch, der von einem Tierkadaver ausgeht, lockt die großen Warane an. Die viel schnelleren Jungen kommen noch vor den Alten an, werden jedoch von diesen weggedrängt.

Da es den jungen Komodowaranen nicht schwerfällt, auf Bäume zu steigen, suchen sie auf den Ästen nach Eiern und Vögeln. Sie ernähren sich auch von Geckos, Schlangen und Insekten.

Der riesige Komodowaran hat bei seiner Geburt nur die Größe einer Eidechse! In der Gefangenschaft sind die Tiere zahm; früher durfte man sich ihnen im Londoner Zoo sogar nähern.

Der Kurzschwanzalbatros

Der Kurzschwanzalbatros kann mit Hilfe seiner weit ausgebreiteten Flügel spielend leicht in sehr große Höhen aufsteigen. Tagelang kann dieser Vogel pausenlos über den Ozean segeln. Wie ein Segelflugzeug, das den geringsten Aufwind ausnutzt, hält er sich ohne einen Flügelschlag in der Luft. Aus der Höhe überschaut er große Bereiche des Meeres, ohne daß seinem scharfen Blick auch nur ein Fisch oder Tintenfisch entgeht. Hat er die Beute erspäht, stürzt er hinunter, packt und verschlingt sie.

Nahrung:
Tintenfische

Fische

Bei Unwettern und Hurrikanen können ihm auch heftige Böen und Luftwirbel nicht viel anhaben. Manchmal stößt er hinab und berührt die Schaumkronen, als gleite er von Welle zu Welle. Wenn es ihn zu sehr anstrengt, gegen den Wind zu fliegen, läßt er sich wie eine Feder treiben. Auf der Erde aber bewegt sich der 90—100 Zentimeter große Albatros nicht mehr mit der gleichen Sicherheit. Will er sich in die Luft erheben, muß er Anlauf nehmen, rennen und dabei wild mit den Flügeln schlagen.

Weißt du,
daß der Albatros nach einer üppigen Mahlzeit trotz seiner enormen Flügelspannweite nicht sofort starten kann?

Zur Paarungszeit fliegen die Albatrosse an die unbewohnten Küsten einer Insel. Mit geschwellter Brust und hochgerecktem Hals werben die Männchen um die Gunst der Weibchen, dabei schlagen sie mit den Flügeln, stoßen rauhe Rufe aus und verneigen sich. Die Männchen berühren wiederholt Kopf und Schnabel des Weibchens, und diese erwidern die Geste.

Das Paar baut ein Nest aus Schlamm und Grashalmen, in welches das Weibchen ein Ei legt, das es abwechselnd mit dem Männchen bebrütet. Das Junge schlüpft nach sechzig Tagen aus dem Ei, und die Eltern müssen oft weit aufs Meer fliegen, um es satt zu bekommen.

Die über Bord der Schiffe geworfenen Abfälle bilden einen Teil der Nahrung der Albatrosse. Sie fangen darüber hinaus Fische und Tintenfische und verachten auch Delphin- und Walkadaver, die auf den Wellen schwimmen, nicht.

Den Ruf, ausgezeichnete Flieger zu sein, haben die Albatrosse zu Recht: Sie könnten in nur sechs Wochen um die ganze Erde fliegen! Bei ihren Marathonflügen können sie eine Geschwindigkeit von 170 km pro Stunde erreichen.

Der Wander-Albatros, der länger als eineinhalb Meter werden kann, ist der Riese in der Familie. Seine Flügelspannweite beträgt fast vier Meter und überschreitet damit die aller anderen Vögel. Im Kreis ist der Kopf des weiblichen Laysan-Albatros mit dem charakteristischen Fleck abgebildet.